Para mi nueva amiga Luz Consuelo Triana Echeverría, con el mayor deseo de que me acompañes en este recorrido poético por Cuba. Con un gran abrazo: Josefina Leyva

Imágenes desde Cuba

Josefina Leyva

Octubre 6 – 06
Los Angeles.
California State University

Imágenes desde Cuba

Josefina Leyva

Editorial Ponce de León, Inc.

Primera Edición
Editado por Dorothy J. Smith

Impreso en los Estados Unidos de América
Publicado por la Editorial Ponce de León, Inc.
3121 Ponce de León Blvd.
Coral Gables, Fla. 33134
Teléfono: (305) 662-0580
Foto de la portada: Cortesía del Dr. Rodolfo Bustamante, Sra. Mercedes Bustamante y Revista de Cienfuegos en el exilio
Fotos interiores: Cortesía del Sr. Oscar Vidal y de Eagle Lithographers, Inc.
ISBN 1-882721-06-3

Al acogedor exilio cubano de Los Angeles, que tanto honor da a Cuba en los Estados Unidos

Al Patronato José Martí, por su indoblegable actividad en sostener, más acá del mar y de la lejanía, la llama de la cultura cubana

Con devoción a ustedes, mis hermanos:

Josefina Leyva

Otra vez aún, gracias a Dorothy J. Smith, norteamericana y cubana, por haber acogido este libro como suyo.

Agradecemos profundamente su magnífica colaboración para este libro a nuestros amigos, Dr. Rodolfo y Mercedes Bustamante y Oscar y Margarita Vidal, que tuvieron la gentileza de aportar las fotos con que hemos evocado a Cuba junto a estos poemas.

J.L. y D.J.S.

Sorpresa es el descubrimiento de esta nueva faceta del talento literario de Josefina Leyva, a quien ya hemos aplaudido como extraordinaria novelista.

Sorprendida ante su vuelo poético por el elemento estético que reconocemos en él, por las asociaciones mentales que provocan sus versos, por la capacidad comunicativa del lenguaje, nos adentramos con profunda emoción en este sorprendente poemario que la poetisa ha titulado IMAGENES DESDE CUBA.

Sorprendente, sí, es este manojo de añoranzas que se transmutan en delicados cuadros y paisajes devolviéndonos rincones lejanos pero latentes aún en las memorias de un ayer que atesoramos: La Habana, soñadora, romántica, coqueta; su Catedral, sus personajes reales y legendarios, su paisaje marino envuelto en la calidez sensual del Trópico.

Leyva recobra su niñez y adolescencia en retratos familiares: la madre, la abuela; Martín, su muñeco de trapo. Y nos revela su intimidad amorosa y sus emociones de madre, y su estatura de mujer abierta a la vida y a todo lo hermoso que es capaz de sentir un alma como la suya. ¡Qué exquisita sensibilidad asoma en cada palabra, en cada verso! ¿Cómo dejar perdida en los cajones de un escritorio tanta belleza espiritual y poética?

Gracias, Josefina, por dejarnos asomar a tu jardín interior y refrescar nuestro ser en sus esencias líricas.

Profesora Carmen Alea Paz
California State University, Northridge
Los Angeles, julio de 1995

I

Imágenes de La Habana de Antes

La Plaza de la Catedral

Donde habitó uno de los miembros
mayores de la Inquisición

Plaza vieja que tienes el hálito cansado,
tú eres el alma mágica de mi ciudad querida.
A tu memoria vuelven con pasos engastados
el coche de Las Casas, las risas de Cecilia.

Plaza altiva encerrada entre cuatro palacios
que guardan el murmullo de sucesos prohibidos
entre historia y leyenda clavada en sus armarios
cuando la Inquisición era un duro testigo.

Plaza: tu catedral te besa con su gracia
barroca y femenina. Del fondo de tu brisa
el restaurant antiguo despide los acordes
de su piano remoto en esta noche tibia.

Plaza eterna, ¡qué sombras las de tus miradores!
¡Qué portales callados! ¡Qué atmósfera en tus piedras!
¡Qué aroma evocador envuelve tus balcones!
¡Qué pájaros envías sobre la Habana Vieja!

Encuentro con el Caballero de París en la Esquina de 23 y L

Caballero gentil de la mirada triste
que andas por todas las esquinas de mi barrio
con tu capa de gran soberano del mundo
y tus negros harapos de prestigio romántico.

Caballero, ¿qué historias dejaron tus talones
en las aceras blancas de tu ciudad amada?
Has deambulado siempre, caballero sin gloria,
como un nuevo Quijote sin novela ni Mancha.

Cada habanero siente que tú encarnas sus sueños
sin horizonte. Pasas, solitario y lejano,
con tu paquete roto de poemas sin nombre
escritos en los muelles, los parques y los atrios.

¿Qué pena se quedó sobre tus ojos húmedos
un día, en tu crepúsculo de oscuro camarero?
¿Qué dama te negó tu pañuelo de encaje
cuando tú le brindabas tu madrigal primero?

Misterioso, callado, te alejas en la noche
llevándote el secreto de tu mundo ignorado.
Con tu mano de príncipe esbozas un adiós,
poeta de los hombres que no tienen pasado.

El Barquito de Casablanca

La noche te regala su encantado prestigio
con puntitos de luz que cantan a lo lejos.
La Habana empequeñece sus blancos edificios
húmedos de la sombra bajo el plácido cielo.

Me encanta este sabor de tus gastados bancos
donde se aprietan niños, marineros y negros.
Y tu atmósfera cálida, tu humo de cigarros
y este zumbido seco de tus motores viejos.

Alrededor de ti los barcos van bordando
una guirnalda única que se enrosca en el viento.
Y Casablanca espera tu llegada, temblando,
más allá de los mástiles y de los astilleros.

Después, al muelle atracas y te quedas vacío
bamboleando en la sombra tu despintado cuerpo.
El viento te salpica de sal, barquito mío,
y yo de pie, en el muelle, contemplo tu silencio.

Por un instante cierro, conmovida, los ojos,
mi barquito querido, y con tristeza pienso
cómo serán tus noches cuando ya no esté yo
para decir la ronda de sueños que te debo.

La Habana Vieja

Tus calles peregrinas andan llenas de sueños
hacia un convento viejo con su patio callado.
Tu malecón susurra un trémulo bostezo
repleto de parejas junto al mar encantado.

La Plaza de las Armas abre todas sus rosas
entre bancos antiguos y lánguidos balcones.
Sus palacios de piedra se ofrecen a los años
con el orgullo de sus muertos esplendores.

Tu blanca fortaleza con su foso y su muro
cuenta viejas historias de hombres ignorados.
Y los hombres de hoy sacuden sus tristezas
en iglesias que guardan dolores olvidados.

Frente a ti, Casablanca se viste de gaviota
para dar al amor un toque de poesía.
Y La Cabaña evoca las glorias coloniales
entre barcos que van y vienen cada día.

Un poco más allá, tu Bodeguita es una
reliquia de bohemios y de estudiantes pobres.
Por tus aceras grises, un caballero en negro
da a cada transeúnte su saludo más noble.

Vieja Habana, tu encanto incomparable tiene
nostalgias de crepúsculos y sombras cotidianas.
Por encima de todos tus tejados se mece
una lluvia de anhelos que no tienen mañana.

La Casa de Hemingway

¡Ah, qué vieja casona esta de Hemingway
perfilada de gris sobre la tarde triste!,
entre los flamboyanes, las rosas y los tilos
que perfuman la sombra de su torre tan firme.

En su sala, entre copas de baccarat finísimo
la mesa puesta espera el retorno del amo,
en una eternidad de relojes sin días
donde un amigo evoca su bello anecdotario.

Las tigresas muertas se fatigan de ausencias,
los toros aún desangran sus viejas estocadas.
Las botellas de whisky conservan las esencias
que animaran los diálogos en las horas pasadas.

Por el parque de pronto, estremecida, cruza
Ava Gardner desnuda buscando la piscina,
y el rostro de Ingrid Bergman, misterioso, susurra
desde el despacho un lento rosario de caricias.

Las mariposas tejen su aliento entre los tilos
con ronda de palomas blancas en la distancia.
Y el asombro de ignotos visitantes contempla
la historia de este mundo en dos viejas sandalias.

Por un rincón lejano, junto al salón de esgrima,
más allá de las palmas, las rosas, los jazmines,
un auto medio oculto recuerda la presencia
de algún viajero mudo que cruza los jardines.

Y mientras, con sus hojas que el tiempo hace amarillas,
el libro de las firmas se mece sobre el viento,
alguien, gentil, se acerca regalando una orquídea
y la tarde se esconde detrás de los aleros.

La Iglesia del

Santo Cristo del Buen Viaje

En esta hora ardiente del rudo mediodía
busco tus altas torres, tu balcón provinciano,
tus piedras, desde donde espero ver salir
damas cuyos quitrines regresan del pasado.

Dentro de ti, ¡qué íntima penumbra para el rezo!,
¡qué órgano triste para las voces de beatas
que alivian los suspiros de sus pechos vacíos
en coro de tardías peticiones humanas!

Un Cristo desangrado entre mármoles fríos,
un techo de madera preciosa, artesonado,
trepadoras tupidas en tus verjas de hierro
completan tu horizonte de gris hondo y callado.

Y de pronto, a tu puerta se asoma, peregrina,
una fina viajera que admira tu misterio.
Arrodillado, un hombre solitario la mira
como a una aparición de sus vedados sueños.

Momento en Casablanca

Amo estas viejas calles y estos muelles vacíos
y esta línea del tren que se embarca muy lejos.
Amo esta ronda blanca de alegres marineros
y amo la paz espléndida de este puerto dormido.

A lo lejos, La Habana murmura, soñadora,
su canción misteriosa de anhelos y de olvidos.
Y hay aletear de pájaros blancos estremecidos
entre los barcos y la tarde evocadora.

Hay gentes apacibles dentro de los portales
a quienes Casablanca regala su poesía.
Las escaleras grises son calles carcomidas
entre los astilleros y las verjas amables.

Detrás, las lomas crecen su escalonado júbilo
repletas de casitas y de palmeras altas,
mientras las campanadas de la iglesia levantan
su sabor provinciano de domingo en crepúsculo.

Casablanca: guardada por tus dos fortalezas
que ostentan la opresión de antes y de ahora,
bajo los pies del Cristo clavado entre las rocas
eres como esas gentes de duales existencias:
rumorosa y risueña, cautiva y melancólica.

El Patio del Convento Santa Clara

A este claustro eran traídas para
abrazar la vida religiosa
las hijas segundonas de familias adineradas
que carecían de dote para el matrimonio.

Entre los áltos árboles del siglo diecisiete
aletean, alegres, los cantos de sinsontes.
Las blancas galerías regalan su silencio
por donde se paseaban las muchachas sin dote.

¡Qué anhelos de mujer quedaron sepultados
bajo este cielo azul en que estalla la vida!
¡Qué tristezas ignotas ahogaron estos muros!
¡Qué sueños se quedaron entre estas siemprevivas!

Hoy no sucede nada en este patio viejo
abandonado al paso cómplice de los años.
Ya sus campanas mudas no dan voces al viento
ni hay risas escondidas en los hábitos blancos.

Sólo de tarde en tarde vuelve una mujer sola,
que como sus hermanas de aquellos siglos idos,
trae sombras a enterrar en este pozo muerto
y versos a escribir a este parque dormido.

El Tren de Casablanca

Una hilera de casas grises que no terminan
sobre un fondo plomizo de duelo que no cesa.
Postes abandonados, astilleros que pasan.
el tren, de Casablanca se despide entre quejas.

Un paisaje de velas desde el puerto en reposo.
Un dique, para barcos fatigados que llegan;
el cielo, recostado sobre el mar, en acoso.
El tren de Casablanca que se aleja, se aleja.

Cañas en fuga desde la blanca ventanilla.
Un campo verdecido sobre la tierra roja.
Pequeños apeaderos en pueblos sin historia.
¡El tren de Casablanca tiene una pena rota!

Un bamboleo suave en la húmeda mañana
donde la lluvia fina va dejando sus gotas.
Charla amable de muchos viajeros en parejas.
¡Ah, el tren de Casablanca se lleva sus gaviotas!

El Parque de Río Cristal

Su corazón es una casona colonial
con techo de madera y galerías muy blancas,
con un portal en sombras donde se acuesta el sol
y una fresca saleta que la brisa regala.

A la hora de la siesta, la tibieza del río
se adormece a sus pies, y su rica cascada
bajo el puente torneado se hace más cristalina
y el agua, solitaria, mientras se aleja, canta.

Las palmas se agigantan para besar el cielo,
los jazmines ofrecen sus voces sin mañana,
los algarrobos crujen con su verdor intenso
y las ceibas se doblan sobre la yerba blanda.

De noche, un piano deja sobre las galerías
su queja de habaneras que susurran, cubanas,
el eco de la raza dual y melancólica
para que sueñen quienes escuchen su llamada.

Tiene algo de impasible y de eterno este parque
donde sucede, a veces, que el tiempo se detiene,
y donde las palomas parecen regresar
del momento fragante que el Almirante viese.

El Restaurante El Patio

Cuando el viajero llega, se detiene entre piedras
grises, zócalos altos y una fuente tallada
que susurra sus íntimas nostalgias misteriosas
en un patio mudéjar de trepadoras altas.

Un escudo gastado revive la grandeza
de antiguos esplendores en tus salas de gala,
ornadas con mamparas de colores muy tenues
y vitrales solemnes que recuerdan a España.

Tu barra está en penumbra para los daiquiríes
y para los mojitos suaves e incomparables.
Tus camareros brindan sus sonrisas gentiles
a las damas que llegan o a turistas que parten.

¡Qué piano el de tus mesas redondas en la noche
regalando canciones de Lecuona y de antes!
¡Ay, Patio! ¡Qué portal sobre la plaza vieja
donde la luna viene a cantar sus romances!

La Condesa de Merlin se detiene en La Habana

Entre el barco que vino y el barco que regresa
a París, en retorno a su viudez galante,
esta elegante dama del siglo diecinueve
va evocando su vida entre cartas fragantes.
En su espléndida casa con un patio mudéjar
cerca del mar, que trae la brisa desde el trópico,
junto a las galerías se pierde la condesa
recordando el corcel del conde napoleónico.
En la mano trae el libro en que Balzac narrara
su intriga clandestina con unos ojos de oro.
Y su expulsión desde el convento Santa Clara
estremece aún la casa con su escándalo sórdido.
En el zaguán tropieza con la gentil silueta
de aquel intruso rey: Don José Bonaparte,
que pactara su boda con Merlin, en la guerra
de España, porque era amante de su madre.
De repente, las lámparas estallan sus cristales
como en los días de huida sobre los Pirineos:
entre disparos de las guerrillas triunfales
Mercedes defendía a su hijo con su cuerpo.
Mercedes: habanera, parisina, española:
dejaste en tus memorias la estela de tu siglo.
Y en tu casa de Cuba, tu imagen seductora
se durmió en el aroma de tu aposento tibio.

El Parque del Río Almendares

Este rincón regala su callada nostalgia
y su espléndida paz, que brota desde el río.
Una tristeza íntima ofrece su gragancia
entre pájaros que cantan desde sus nidos.

Allá lejos, los autos estallan sobre el puente
su apoteosis de ruidos extraños y furtivos,
mientras el río corre dulce, serenamente,
llevándose su carga de sueños fugitivos.

¡Qué verdor en los árboles bajo el sol que los besa
apasionadamente! ¡Qué cielo azul! ¡Qué brisa!
¡Qué sombra de algarrobos para escribir poemas!
¡Qué soledad se pierde entre las avenidas!

Un bote ha detenido su ronda junto al muelle,
más allá del murmullo del parque y de los pinos.
Y las palmas lejanas blandamente se mecen
tras de los astilleros que yacen junto al río.

Cecilia Valdés

I

No puedo terminar estos versos así,
sin decirte siquiera una palabra amable.
Aún me parece verte correteando, feliz,
sobre las plazas grises de La Habana de antes.
Tienes la savia joven del Africa violenta
y la elegancia innata de tus abuelas blancas.
Tu mano es europea, y tu mirada inventa
no sé qué mezcla única de sexo y de fragancia.
¡Qué gracia en tu sonrisa de mulata criolla!
¡Qué brisa en la cintura que te dieron las palmas!
¡Qué rosa en el escote que Leonardo, a la hora
de misa de Chepilla te dejó, perfumada!

II

Estás en los quitrines que, plácidos, se mecen
sobre la Vieja Habana,
y en los bailes que, alegres, las mulatas más finas
te regalan.
Estás en el anhelo de los jóvenes blancos
como una flor humana,
y en la música triste de los jóvenes negros,
eternizada.

Estás en las ventanas de rejas primorosas,
almidonada,
y en la iglesia del Angel, a la hora del rosario,
arrodillada.
Estás en el encanto del crepúsculo tibio,
muda y lejana,
y a la hora de la siesta, como una golondrina
sobre las sábanas.
Estás en la mirada de envidia de las jóvenes
blancas, sin gracia,
y en las miradas de odio de las damas celosas,
¡Cecilia, la bastarda!
Estás en la zarzuela más bella del Maestro
coqueta y embriagada,
loca de juventud sobre los altos trinos,
sola y desamparada.
Estás sobre los libros de historia de la patria
como una llamarada.
¡Oprimida Cecilia de hospital y cadenas!
¡la desclasada!
¡Estás en los machetes que alzaron los mambises,
indoblegada!
¡Tú, Cecilia!, ¡la alondra!, ¡con tu imagen genuina
de la mujer cubana!

La Bodeguita del Medio

I

Presentación de la Bodeguita

La Bodeguita del Medio
tiene aromas de buen ron
con maracas, con guitarras
y bongó.

La Bodeguita del Medio
tiene un criollo sabor
de lechón asado y pollo
con arroz.

La Bodeguita del Medio
tiene tabacos en flor.
tiene bohemios y noctámbulos
sin reloj.

II
Momento en la Bodeguita

Por el patio anda un poeta
diciendo sus versos nuevos,
mientras dos recién casados

lo oyen, risueños.
De las paredes se caen
los retratos de otro tiempo
de María Bonita, Jorge
Negrete, Mario Moreno,
Pedro Vargas y otras muchas
estrellas de cine en México.
Allí hay notas de estudiantes
que festejaron suspensos,
y hay autógrafos borrados
por la mano gris del tiempo.
Un negro triste improvisa
canciones detrás del tedio
entre salchichas colgadas
que dejan un olor tierno.
Junto a las gastadas mesas
taburetes de alto asiento
mecen su rumor cansado
de estremecidos agüeros.
Las cervezas espumosas
son pausas para los buenos
conversadores que aguardan
noticias del diario fresco.
en una esquina de sombras
se está durmiendo un obrero,
mientras la guitarra gime
sus pobres duelos.

Y detrás del mostrador
un risueño camarero
prepara los daiquiríes
que alegrarán sus recuerdos.

III

Definición de la Bodeguita

La bodeguita del Medio,
de fama internacional
está cerca de la espléndida
plaza de la Catedral.

La Bodeguita del Medio
es una trastienda vieja
donde acuden los que quieren
olvidarse de sus penas.

La Bodeguita del Medio
es cubana como el ron,
con su ritmo de maracas
y de bongó.

La Bodeguita del Medio
en una tarde de sol,
¡vale lo que una corrida
de toros a un español!

Esta ciudad desierta donde he echado la vida,
donde de cada esquina y de cada rincón
brota un recuerdo amable, se va un recuerdo triste
venidos del primero o del último amor.

Esta ciudad desierta, donde todas las calles
medio envueltas en luces hasta el amanecer,
son mías para el cansancio o mías para un gran viaje
al pasado, al futuro o al presente: No sé.

Esta ciudad desierta donde vagabundeo
hambrienta de esperanza hasta el amanecer,
me cerca con sus sombras y su agudo graznido,
evocador quejido hasta el amanecer.

II

Cantos de Amor

Yo te recordaré junto a la tarde
sobre el polvo de todos los caminos,
ante a la verja que quedó cerrada
lejos del ruiseñor entristecido,
en el sollozo de la madrugada
y en la guitarra sola, sin amigos.
Yo te recordaré cuando la ronda
del amor a los parques vuelva, tímida,
en las gentes que vagan por las calles
y en el hondo silencio de los libros.
Yo te recordaré desde que el alba
de cada primavera frágil diga
que la llovizna de los días de octubre
era sólo catarsis fugitiva.
Yo te recordaré desde aquel barco
que cruzaba de noche la bahía
--húmeda trayectoria de tinieblas
sobre tu amor y el mío--
Yo te recordaré cuando te piense
en Varsovia, en París o en cada esquina
de aquel gran viaje que no hicimos nunca
devorados por todos los prejuicios.

Yo te recordaré cuando alguien cante,
o cuando alguien --amor mío--
sienta un teléfono un aliado único
sobre las dagas de los enemigos.
Yo te recordaré si tus metáforas
regresan victoriosas del olvido.
Yo te recordaré cuando le arranque
su distancia al destino.
Yo te recordaré cuando tu imagen
vuelva a mí desde tantos cataclismos,
para afirmar nuestra lealtad suprema
telepáticamente en un designio.

Llegabas, ¡oh rocío sobre la madrugada!
¡Eras el alba única de mis noches de fiebre!
Tan esperado, con tu canto de coral.
Tan soñado, tan mío como el vocablo siempre.
Llegabas, y enjoyabas la noche en tus cabellos
encantando las horas con tu flauta del tiempo.
Con tu reloj fantástico medías el compás
de los minutos que ibas quitándole a la muerte.
De una mirada detenías el horizonte
para que el último hálito de mi vida no huyera.
Llegabas y lanzabas a vuelo las campanas
en un rebato mágico de llamado a la vida.
De pie, sobre el estribo de tu carro de amor,
con una furia loca desgranando las bridas
llegabas y clavabas tu puñal a la muerte.
Llegabas victorioso, con tu bella sonrisa,
gitano poseedor de todos los secretos.
En tus manos las cartas de la muerte y la vida,
al puño caracoles veloces contra la muerte
y palomas en vuelo graznándole a la vida.
Llegabas y robabas su balanza al destino
arrancando el platillo del lado de la muerte.
Hasta que, como Heracles defendiendo a Alcestes,
te acostaste a la puerta y venciste a la muerte.

El silencio y la tarde
Tu guitarra y la tarde
Un jrón de tu voz
y la tarde
La flauta de tu risa
contra la tarde
Tu evocación
del otro lado de la tarde
Tu secreto
dentro de la tarde
El encanto de tu presencia
junto a la tarde
Es primavera
tras la tarde
El humo de tu cigarrillo
en la tarde
Tu mirada,
espejo de la tarde
Las rosas de tu tristeza
sobre la tarde
Esta plácida hora de abril
como en aquella lejana tarde
Copos de lluvia
por fuera de la tarde

¡Ah, qué gastada por hoy
la huella de otra tarde!
El viento girando
más allá de la tarde
Un ramillete de ausencias
desde la tarde
Mi mano entre las tuyas
más acá de la tarde
Cenizas de otra tarde
Tu tarde y la mía
La tarde

Las luces que te rondan se apagan una a una.
Voy caminando sola hacia un destierro vivo.
Llevo dentro de mí una estrella apagada.
Mi equipaje tan sólo son poemas y libros.
En torno a mí se aprietan sombras desfiguradas
que la noche agiganta en este andén tan frío.
Alguien vende un periódico. Alguien despide a alguien.
El mundo, en torno a mí se muere en un latido.
Te quedas y un cristal apuñala tu nombre.
Fracasamos. Es tiempo de partir. Se hace tarde.
¡Quién sabe qué serán ahora nuestros destinos!.
Fracasamos. Tu rostro, fino cristal quebrado,
y me queda en las manos casi un ramo de olivo.

Neblina de la tarde que parece de cera,
se duerme en los tejados de las casonas viejas.
Neblina caprichosa, tiñe de gris la tarde
mientras se hacen de acero sus gotitas más frágiles.
Semeja un llanto tierno, un llanto que, sin gritos,
dejara mutilado todos los sustantivos.
Neblina que abandona su angustiado retozo
sobre las golondrinas de asustados sonrojos,
y su humedad secreta se posa en el olvido
para resucitar arpegios ya vencidos.
Evocas, con tu ronda de apagados cristales
el misterioso ritmo de muertos madrigales.
Helada compañía sin rumor de mañana,
tus campanitas suenan remotas y gastadas.
y en la acera, el espanto mudo de tu sorpresa
decapita el encuentro de las cosas más bellas.
Llovizna que pareces el desgranar de un
rosario melancólico, no envejeces aún.
Calzada de nostalgia bajo las lentas horas
electrizadas, trémulas, heladas y monótonas.
Los transeúntes van y vienen indiferentes
y la tarde regresa desde ti, mansamente.

En esta noche helada en que no tiene
mi corazón abrigo,
busco un amigo en torno y nada hallo.
No hallo ningún amigo.

En esta noche helada me visitan
los fantasmas de antaño, los perdidos
amores de otro tiempo, mariposas
que rondan sobre el corazón vencido.

En esta noche helada me acompaña
sólo el calor de aquel rincón perdido.
Allá me vuelvo, el corazón temblando.
Busco la mano blanda de un amigo.

Los celos: una bruma llena de flotantes cabelleras
y una puñalada en el corazón.
Los celos: una luna rota y la campanada
muerta de un reloj.
Los celos: un pájaro perdido en la selva
y el huracán de una ciudad sitiada.
Los celos: el amor y la muerte.

En esta tarde blanca te me has ido
y un jirón de tu voz quedó en el viento.
Tú, prisionero del amor y el tiempo
entre el llanto, el naufragio y el olvido.
Lluvia, canción, silencio estremecido.
Un ala de la tarde en manso aliento
Y tú, de pie, en la esquina de mi olvido
deshilando la tela de mi sueño.

Poema de la Esquina de Antaño

Esa esquina de antaño, desde donde la vida
nos parecía más grácil, más amable, más bella.
Esa esquina de antaño, desde donde tu huella
sujetó tantas veces la entraña de mi vida.
Esa esquina de antaño, desde donde la vida
apuñaló la frágil ilusión que era nuestra.
Esa esquina de antaño donde a la misma mesa
bebimos tantas veces el vino de la vida.
Esa esquina de antaño donde aprendí tu nombre,
donde esperamos juntos el ómnibus lejano,
donde esperé volver mientras tuviese vida.
Esa esquina de antaño, desde donde la vida
me sembraba tu nombre, ¡ah, tan lleno de encanto!
para después dejarlo muerto sobre la vía
igual a un gesto inútil que agotara el casancio.

III

Retratos de Familia

La Madre

La casa estaba siempre, siempre limpia
cuando llegábamos a ella.
La madre planchadita, el delantal muy blanco
y aquel aroma, aroma de pureza.
Los rincones honestos y pequeños,
los muebles desgastados, algo viejos,
y la madre cosía y remendaba
los uniformes blancos del colegio.
A veces, nos reuníamos por las tardes
para tocar el piano en la salita austera.
La madre cocinaba mientras tanto
y dejaba de pronto sus frituras a medias
para entrar a corregir con su mano
una nota trocada entre las teclas.
Cuando algún joven se acercaba, tímido,
para la ronda de una amistad nueva,
la madre, calladita, se calzaba
los espejuelos. Sin mirar apenas,
adivinaba qué matiz tenía
aquel estreno que era una promesa.
Cuando estudiábamos reunidos los jóvenes

a mediodía las ciencias y las letras,
la madre interrumpía para traernos
su dulce de guayaba con galletas.
Y cuando la fatiga sorprendía
corolarios, fórmulas y problemas,
la madre con ternura nos decía
que había sido muy larga la faena.
Por tanto oírnos repetir las notas
tomadas en las clases de la escuela,
la madre supo que había habido un Sócrates,
supo que el universo nunca pierde materia,
mas nadie le enseñó que no era inútil
el amor, la verdad o la belleza.
Cuando a la noche hasta el prado nos íbamos
la madre vigilaba tras la puerta,
algo angustiado el corazón que entonces
ya empezaba a sentir la fatiga pequeña,
la madre preguntábale a la noche
quién nos acompañaría a la vuelta.
Cuando nos enfermábamos, la madre,
(¡ah, qué maravillosa enfermera!)
adivinaba los remedios antes
que el viejo médico de la casa viniera.

Y cuando la primera pena blanca
se detuvo, muy tímida, a la puerta,
la madre, ¡ah, la madre!, ¡la madre!
se enjugó una lágrima sin que nadie la viera
y trajo, ya ensayada su sonrisa,
en su mano, que en el dorso tenía
un gran lunar en forma de moneda
(el lunar que besábamos de noche
para dormirnos, de pequeñas),
el libro que sabía amábamos tanto,
aunque ella nunca lo leyera,
para alejar las ilusiones falsas
y consolar nuestra primera pena.

La Abuelita

Fue una abuelita como casi todas
mi singular abuela.
Tenía el cabello hecho un moño muy blanco
y un cigarro amarillo en la mano derecha.
Tenía frágil la sonrisa rápida
y el corazón, inmenso,
se le escapaba y la envolvía en un aura
de evocaciones, alegrías, tristezas.
Rezaba su rosario por las tardes
y recitaba a Bécquer en las mañanas frescas.
Guardaba mi alcancía que ella llenaba
(era muy pobre mi abuelita buena)
con pequeños regalos de sobrinos
que nunca supo gastar para ella.
A veces deshacía su pelo largo
(espuma pura y quebradiza y bella)
para que yo aprendiera el buen oficio
de peluquera.
A las muñecas jugaba conmigo
y disfrazaba al gato de pantera.
Decía que los cocuyos en la noche
eran estrellas,

y juraba que un ángel premiaría
mis acciones más nobles y más bellas.
Mi abuelita era ciega, y se sabía
a Sevilla, a Madrid, a España entera.
¡Tierra de sueño aquella Andalucía
que contaba mi abuela!
Mi abuelita, gitana que cantaba
las peteneras.
Mi abuelita tejía siempre al tacto
y un día, en su noche sin fronteras,
la sorprendió el cohete de mi prima
debajo de su silla siempre quieta.
Mi abuelita embelleció mi infancia
con sus cuentos del mar, de las iglesias,
de los esclavos de su casa grande
y de aquel novio obrero que muriera.
Mi abuelita era artista y era santa.
Por mí creó sus cuadros de novelas:
divinas acuarelas de un instante
fugadas en el humo que la brisa rompiera.
Mi abuelita, entre tazas de café
consolaba mi angustia de niña con problemas,
y cuando las discordias del hogar

se hacían dramáticas y fieras,
ella me daba su mano arrugada
que avivaba el calor de su presencia.
¡Pobre abuelita que alegraba a todos
para que nadie la alegrara a ella!
¡Pobre abuelita que murió un domingo en
resurrección con carnaval y fiestas!
¡Pobre abuelita que dejó a su niña
frente a las cuatro esquinas de la ausencia!
¡Pobre abuelita que era como todas!
¡Aunque era más que todas las abuelas!

IV

Dos Momentos en Santiago de Cuba

Por un Callejón de Santiago de Cuba

La noche anda meciendo su estremecida niebla
entre rejas torcidas y puertas claveteadas.
Los aleros terminan las puntas de las casas.
¡Ah, las viejas casonas de esquinas y de tablas!

Los largos adoquines de la calle en silencio,
solitarios, evocan las huellas apagadas.
Y un farol melancólico se mece sobre el viento
mientras, por las esquinas, regresan los fantasmas.

¡Qué hálito de misterio el de estas piedras grises!
¡Qué voz la del sereno que el tiempo ha ido gastando!
¡Ah, qué aroma de ausencias y de cosas que huyeron
por este callejón de este viejo Santiago!

La Trova

¡Qué bodegón abierto a los sueños perdidos!
¡Qué aliento de mambises gastados, esperando!
¡Qué guitarras criollas para evocar las tristes
canciones de los días que el tiempo ha ido borrando!
¡Qué acogedoras manos para los peregrinos!
¡Qué nostalgia en las voces que se van apagando!
¡Qué corazón abierto para las cicatrices
entre las viejas piedras de este viejo Santiago!
¡Ah, la penumbra pálida de esta tarde de invierno
mientras que, poco a poco nos vamos desangrando
entre los taburetes y las guitarras trémulas
de donde se adivinan las lomas de Santiago!
En un rincón, un viejo trovador va tejiendo
la angustia de la trova que se va derrumbando.
Y el sueño se disipa, como se va perdiendo
en la brisa, el aroma de los viejos tabacos.

V

Amores Adolescentes

Esta hora de abril, lejana e íntima,
cuando íbamos de mano al Instituto
en aquel mes de abril en que el reposo
de las cosas soñaba con la vida.

Esta hora de abril, tan bella y tímida,
cuando la tarde se acostaba sola,
tú y yo, dos juncos que esperaban,
sombras de alba, canción, presagio, despedida.

Tú y yo, gaviotas de la tarde, apenas
rozábamos las manos entre risas.
Y la hora escapaba, tan serena,

que era como si hoy desde la brisa
el encanto de aquella hora volviera
a decirte, a decirme que fui, que eras.

Regresas, desde el fondo de la tarde
envuelto en tu sonrisa.
Blanda paloma se posó en mi anhelo
sobre el derrumbe de las golondrinas.
Tu prisa, herida en las encrucijadas,
y aquel amanecer de tu sonrisa.
La suave campanada de tu nombre
y la espera tenaz de tu partida.
Niño en la sombra perdido, lejano,
ignoto soñador con tus ortigas
vueltas del fondo de tu sed de años
quebrantando designios y designios
por rutas que se abrieron a las noches.
Solitario viajero del destino,
envuelto en tu sonrisa de mañana,
olor a planta joven fresco, tibio,
remoto leñador de las estrellas
con tu mirada en las espigas, lejos,
y tu sonrisa, que se quedó triste.

A la rueda rueda
que cantando pasa,
que se va el amor
a la hora del alba.
A la rueda rueda
de la pena blanca,
se va tu sonrisa
de estrellas mojada.
A la rueda rueda
que temblando pasa,
que se va el amor
a la hora del alba.
A la rueda rueda
que el tiempo se cansa,
que vendrá el amor
a la hora del alba.

Corazón de nieve
del azul domingo,
dime si vendrá
detrás de un suspiro.
Corazón de plata
del azul domingo,
dime si vendrá
con sus besos tibios.
Corazón de azúcar
del azul domingo,
tráeme su guitarra
sobre los caminos.
Corazón misterio
del azul domingo,
dime si me sueña
donde están los pinos.
¡Ah, corazón loco
del blando domingo!,
tráeme su ternura,
su canción, sus mimos.
Corazón gastado
del triste domingo.
Llévale en la brisa
mi mensaje tímido.

Corazón helado
del domingo solo,
¡qué larga la ausencia!
¡qué triste el reposo!
Corazón que doblas
detrás del domingo,
temblor y añoranza,
amor y suspiro.

En el aire aquel vago aletear de gaviotas
cuando tú aparecías en mi puerta, temblando,
con tu fina sonrisa fraguada en primavera
que sabía deslumbrar las rosas con su encanto.
Las cosas se embriagaban, cautivas de tu hechizo
mientras que, toda en éxtasis yo aspiraba tu hálito.
Tú ibas buscando para mi oído un ruiseñor.
Tú ibas tocando los minutos con tus palabras.
Cuando la tarde se nos entraba al corazón
solías, con gesto único, encender un cigarro.
Y crecía aquel aroma de mágicos jazmines
mientras Schubert lloraba un amor muerto y trágico.
La música prestaba su cristal a la tarde
cuando tú me mirabas, cuando tú sonreías.
Era como alcanzar la eternidad de un día
o detener en vuelo todas las mariposas.
Después, cuando los pájaros se fugaban muy lejos.
Cuando la tarde se iba, ¡qué triste! gota a gota,
me dabas en tu mano tu divina promesa
y yo te daba un tímido bouquet de blancas rosas.

VI

La Habana bajo la Opresión

La Casona Amiga

Vieja casa criolla de auténtica valía,
con tu ancho portal acogedor y plácido
donde las palmas mecen la sombra de sus hojas
en el murmullo íntimo del mediodía lánguido.

Como si ayer hoy fuera aún resuenan las risas
de las muchachas en los antiguos sillones.
Las confidencias dichas a media voz parecen
todavía recostarse sobre los almohadones.

En la sala en penumbras ya no está el viejo piano
que antaño acompañara las criollas canciones.
Y La Maja Desnuda ya no es tema de aquellas
largas y finas charlas de los doctos señores.

Ya no hay aroma amable de café entre los zócalos
del comedor, ni hay humo de tabacos, ni hay vinos
sobre la mesa espléndida cubierta en otro tiempo
por los manteles blancos y bordados de hilo.

Hay silencio en los viejos sables de las paredes
que hablan de añejas glorias entre escudos antiguos,
y hay dolor en la casa que poco a poco muere
cubierta por los años, la miseria, el olvido.

En las habitaciones en sombras, las imágenes
religiosas conservan de su esplendor de antaño
el calor de los rezos fervorosos. Aún sangra
un Cristo entre los cirios que el viento va apagando.

Silencio. El corredor desierto. El despacho
vacío y solitario, donde un Rodin gotoso
se vuelve hacia la cámara de elevados armarios
en que agoniza el último caballero criollo.

Una anciana señora, envuelta en su chal negro,
evoca, melancólica, su juventud perdida.
Entre los viejos cuadros y entre los viejos libros
ella, la última dama criolla, se persigna.

¡Ah, vieja casa amada de los años perdidos!
Tu muerte entraña otra más profunda y más trágica.
Sobre tus muros leo grabados, acechando,
el Mane, Thecel, Pares suspendido entre lágrimas.

Retrato del Hombre que me Vigila

¿Quién eres tú, infiltrado en la cola de público,
pequeño agente del espionaje castrista?
Hombre de rostro gris, sonrisa inexpresiva,
con borrosas facciones al ojo observador
y la mediocridad presidiendo tu prisa.
Tu confianza en ti mismo te hace inmune a la duda
filosófica. Tu patrimonio humano
excluye la piedad, el perdón, la sonrisa,
los fundamentos del genial orden cristiano,
el amor a la estructura de la vida
y la benevolencia que apacigua el rencor.
En el subsuelo de tu corazón
yace un estercolero de complejos sociales,
y la envidia es parámetro que teje tu obsesión
de obediencia a la orden estricta de tu amo.
Tu mente es un corral donde crucificaste
las certidumbres claves que posees sobre el cosmos
cuyo girar confundes al tic-tac de un reloj.
Tus conceptos se basan en discursos del Máximo
Líder, en las cartillas resabiosas de Lenin,
en la carta de adiós del Ché al irse de Cuba

y en los manuales de divulgación
del Marxismo, zurcidos en la imprenta del pueblo.
Experto en grabadoras, videos, minicámaras,
lecturas clandestinas de cartas secuestradas,
micrófonos que acusan en las casas de citas,
oyente de teléfonos bajo las madrugadas,
espía de preferencias sexuales que en secreto
anhelas, escondiendo tus escenas prohibidas,
camaleónico atleta de todos los disfraces,
sumo rector de la palabra hipocresía,
te filtras en las colas fingiendo descontento,
en las prisiones, por condenas políticas,
jineteas en los hoteles de turistas,
o te embarcas con roles internacionalistas.
Vienes a mí en las becas como universitario,
te sientas a mi mesa con el nombre de hermano,
hojeas en mis libros los apuntes en márgenes,
e informas en secreto mi expresión y mis gestos
si mis manos no aplauden los discurso del Líder,
los votos que no doy en los días de asamblea.
los mítines relámpago a los que yo no asisto,
las reuniones de masas en que no participo
y cuentas mis palabras del círculo político.

En el campo, tú mides las cañas que he cortado
y la expresión que puse de tarde bajo el frío,
ves si torcí mi boca detrás del aguacero
y si me reí mucho por tu chiste político.
Entre himnos y consignas te mueves como nadie,
remontas tu ambición a un carnet del Partido,
coleccionas medallas de los Aniversarios
y chapitas de los trabajos productivos.
Tu esposa te imagina de misión en misión
sin saber que la engañas cuando a ella la vigilan.
Ajustado al modelo de tu heroico Maestro
inflas el pecho como los hombres escogidos.
Ante el espejo, niegas tu condición de esclavo:
más esclavo que yo, que en mi mente soy libre
a pesar de este cerco oscuro que me tendiste.
¡Ah, mi pequeño agente de la Seguridad!
Engañas a los presos que el pan parten contigo
creyéndote uno de ellos bajo tu infiltración.
Estás en el discípulo que graba mis palabras,
me asedias en un baño si pongo un letrerito.
Te robas mis retratos para entregarlos en
el Ministerio, con informes de mis vecinos.
En tu alma acumulas furiosos privilegios:

Desprecias la cultura, la música, los libros.
Eres un tipo humano semejante al que Hitler
propugnaba en "Mi Lucha" como nuevo y distinto.
¡Pobre agente secreto! ¡Mi pequeñito agente!,
con tu rostro de goma y tu mirada fija,
escaparás tal vez a mi mirada cándida,
al amigo que invitas a hacer un atentado
para entregarlo luego a la Villa Maristas.
Escaparás después, quizás, el día del tránsito
hacia la democracia con un disfraz benigno.
Pero, aunque hayas quemado el Salón Oriental
de la gran biblioteca sobre la Plaza Cívica,
no podrás escapar a la rueda del karma
que arrastrarás (¡gran fardo!) de una vida a otra vida.
Y ante el archivo cósmico de causas y de efectos
preciso y matemático, tropezarás conmigo.
Y yo al verte pasar con tu alma encadenada
a la noria del pozo que cavaste tú mismo,
no pediré jamás al Jinete del Cosmos
perdón para el espanto que trajeron tus crímenes.

VII

Poemas Infantiles

Adivinanzas

Jugando con mis hijas, pequeñitas

Estoy abajo en los ríos.
Estoy abajo, en el mar.
Estoy arriba, en la lluvia
y te acompaño a bañar.

El agua

En noches largas soy plácida.
Siempre palidita soy.
Soy redonda o soy chiquita,
completa o incompleta estoy.
Me escondo durante el día.
Ponme un nombre soñador.

La luna

Abrazo los largos lirios,
rompo las rosas y doy
la vida, que sin mí muere.
¿Quién soy?

El aire

Blanco y negro, negro y blanco
en tres y dos, tres y dos.
Soy muy quieto o muy inquieto.
Así soy. Así soy.

El teclado del piano

Con abrazo tierno y fuerte
envuelvo a la gente.
A veces les doy la vida
y a veces traigo la muerte.

El mar

Vuelo en torno de las flores
buscando el pólem
para llevarlo en la brisa
de prisa
hasta mi industria de perfecto orden.

La abeja

Soy cálido como el día,
soy fuerte como el amor.

Si me voy, hielo la brisa,
cuando vuelvo, de oro soy.

El sol

Traigo lluvia y traigo viento,
asusto a las casas solas.
Soy como un golpe de pronto
e insubordino las olas.

El ciclón

Soy ligerita y me elevo.
Soy de colores muy tiernos.
Trabajoso te es cogerme.
Me deshojo entre los dedos.

La mariposa

Soy de un color muy nostálgico,
a veces lo envuelvo todo.
Nada te permito ver
sin el bombillo o el fósforo.

La noche

Pequeña Elegía por Martín, mi Muñeco de Trapo

¡Ah, mi viejo, mi roto, mi gastado
muñeco! ¡Mi Martín!
El que heredó mis fiebres y cargó con mis sueños.
En mi cuna de niña lo mecí.
El que la tierna abuela remendaba.
Martín, que yo abrazaba
cada noche antes de dormir.
Martín, pobre payaso, ¡cómo me consolaban
tu carita pintada, tu peluca de vieja piel!
Martín, que sollozabas
mi soledad de niña no feliz.
Martín de mi niñez desamparada,
¡Ah, toda mi familia se burlaba de ti!
¡Mi pequeño muñeco, que guardabas
olor a Benadril.
Martín, rival de príncipes de hadas,
nuevo Pinocho sin nariz.
Martín de los regaños y las lágrimas,
¡Ah, Martín! ¡Mi Martín!
Aún tu fealdad conmueve mi silencio,

genial muñeco de marfil.
Aún cabalgas mi hermoso gato negro.
Aún la abuelita se inclina hacia ti.
Aún peina tu peluca desteñida
la mano de la prima que perdí.
Aún tu camisa huele a aquel jarabe
que mi madre me daba
para espantar la tos e ir a dormir.
Aún traes la sombra de mis días amados
en mi cálida casa de papel.
¡Mi precioso muñeco de heliotropo!,
¡capitán de las ruinas de mi mundo de ayer!
¡Ah, Martín!, tu carita está borrada,
y el traje de domingo
se te ha echado a perder.
Mi gran amigo, mi héroe de otro tiempo,
te abandono, querido, yo también
en la última gaveta de mi armario
para que allí mis nietos te rescaten
y recomiences tu ciclo otra vez.

(Nota al margen: Ya Martín no podrá acompañar las noches de mis nietos porque lo perdí entre el montón de cosas que saqué clandestinamente de mi hogar, en Cuba, a escondidas del Comité de Defensa, para intentar conservarlas en alguna casa amiga. Estas pérdidas son el patrimonio de los exiliados).

VIII

Junto al Malecón de El Mariel

A Madame Françoise Arnault,
mon professeur de français,
qui a visité ce village
si charmant avec moi

El Mariel, un rincón hecho crepúsculo,
escombrado entre peces de oro y cielo.
Torres de humo, velas de barquitos,
tejados desteñidos a lo lejos.

El Mariel, una loma escalonada
con los muros de un gran castillo viejo.
Remota lejanía de palmares,
niños mojados, malecón travieso.

El Mariel, caracoles de crepúsculo,
rojo balcón con algas junto al viento,
sonrisas de viajeros en las calles,
erizos, bicicletas y silencio.

El Mariel, un islote abandonado,
casas de conchas, buques en acecho,
el mar, cantando entre los arrecifes,
y la sombra de un gran castillo viejo.

IX

Poemas Escritos para la Novela

"Los Balseros de la Libertad"

Para hacer el recuento de mis días vacíos
habría que buscar las palas del otoño
que recogen las hojas en los parques tranquilos.

Para hacer el recuento de mis días austeros
habría que contar los rezos de los monjes
en las viejas capillas, dentro de los conventos.

Para hacer el recuento de mis días sombríos
habría que contar aquellas largas noches
que desde el campo, acosan a los pueblos perdidos.

Para hacer el recuento de mis días sin ti
habría que buscar la arena de las playas
y desgranarla, lenta, por el puño vacío.

Nostalgia

por la Casa Abandonada

¡Qué aroma el de la casa abandonada
tras el dintel que se quedó vacío!
La sombra que olvidaba la mañana
y acunaba el amor tuyo y el mío.

La humedad en las paredes y en los sitios
donde los cuadros fueron descolgados.
La hiedra que abrazaba los tejados
y el rostro del amor callado y tibio.

Llegábamos muy juntos, esperando
el encuentro de los besos furtivos
que el eco en las paredes fue clavando.

Muy juntos, cobijándonos del frío,
dejábamos que el amor fuera fraguando
entre yedra y silencio, nuestro nido.

Vuelve la Nostalgia por la Casa Abandonada

El filo de la lluvia la estremece,
desamparada y sola y pensativa.
Ignorada de todos los extraños
que no tocaron su ternura íntima.

Gota a gota la tarde la acaricia
en la suave añoranza que la mece.
¡Qué lejos las siluetas enlazadas
que a su melancolía le pertenecen!

Para buscar un poco de su noche,
una pareja nueva que transpone
la herrumbre de la puerta, deja un broche

de besos en las alcobas vacías.
Y su rumor monótono es un puente
que copia del pasado indiferente
otra pareja, su rumor, sus nombres.

Ternura que roza la Casa Abandonada

La mañana la envuelve, protegiéndola
de su desamparada mansedumbre.
Rota fachada con la frágil puerta
y la yedra emergiendo por costumbre.

Las ventanas quebradas, desfallecen
en la penumbra de que huyó la lumbre.
Manchas de cuadros obre las paredes
y la yerba emergiendo por costumbre.

Allí, donde la yerba habita sola,
donde una blanda golondrina errática
rasguña el techo por colgar su nido,

en otro tiempo el amor regresaba
cada mañana, con su amable ronda
de murmullos y besos y quejidos.

X

Escenas de Provincia

La Casa de la Tía en Cienfuegos

A Mariví, mi pequeña ahijada,
que nació en el exilio
y no conoce nuestra ciudad

En un rinconcito de Cuba
un poco al oeste y muy al sur
se eleva una ciudad de calles blancas
y de apretadas casas de cartón.
Allí las rosas tienen un olor distinto.
Allí calienta más el sol.
Allí el azul del cielo es casi mágico
y el mar termina en copos de algodón.
Hay barcos detenidos en su playa
con velas de papel y cascos de color,
y allí de noche, los camaroneros
encienden las estrellas lejos del malecón.
Las horas que se arrastran por sus parques
nacen desde la torre de su iglesia mayor.
En realidad son horas algo tristes
dormidas en un metal de caracol,
y en su prado se sientan por las tardes

--plácidas--
las parejas de amor.
En una esquina de esa ciudad blanca,
sin portal, sin jardín y sin farol,
está una casa vieja que no tiene
ya la alegría de la juventud.
El perro vaga solo por sus cuartos
husmeando aquel perdido, amado olor.
Las risas de las niñas se quebraron
y ya no está la tía frente al fogón.
Los coros de las jóvenes se fueron
y el cartero no trae cartas de amor.
En un rincón, dormidas para siempre,
encogidas, sin brazos, sin calor,
se quedaron las queridas muñecas
muy solas, añorando y añorando
sus vestiditos de almidón.
Las gavetas volcadas se quedaron
desde los días de fiebre y sarampión.
Sobre una silla se quedó, olvidada,
la ouija que ya nadie consultó,
y en la saleta de sillones rotos
una motocicleta sin motor.

Pero en la acera aún queda el recuerdo
de las rondas y los cestos en flor
que eternizaron las tardes, las tardes,
tardes de primavera y de candor.

El Barquillero

Barquillero, regresas de tu viaje remoto,
años y años navegando en el olvido.

Cuando la tarde se acodaba en el crepúsculo,
cuando el piano dejaba, cansado, de cantar,
los muchachos volvían con bates y pelotas
y las niñas dejaban de pronto de jugar.
De la esquina cercana venía, como aterido,
con su figura frágil, cargando aquel latón,
la camisa gastada y el pantalón zurcido,
el viejo barquillero, amigo del azar.
Los muchachos, al verlo, rompían rondas y grupos
y corrían empujándose para verlo llegar.
El dejaba su espalda libre de aquel gran peso
y ponía, sonriente, su latón a bailar.
Cada niño pagaba contento sus dos kilos
y en la precoz ruleta ponía el corazón,
mientras que, caprichosa, la aguja en un latido
marcaba cinco o quince, veinticuatro, una o dos.
Las sonrisas, pequeñas o grandes, respondían
al montón de barquillas que se sostenían mal
en los pequeños dedos, y en las pequeñas bocas

sabían a ilusión, a hostia, a risa, a pan.
Después, sobre lo frágil de la tarde se iba
olvidado en la prisa de todos por jugar,
y nadie supo nunca si su triste sonrisa
añoraba un amor, un hijo o un cantar.
Nadie supo tampoco, soldado de la vida,
si moriste en la lucha, si perdiste tu afán,
si alcanzaste el instante del éxodo y huiste,
o si junto a un asilo te fuiste a cobijar.
Pero sí presuminos que en aquella batalla
sin dinero ni gloria, te dejaste aplastar.
Héroe anónimo de tantas cruzadas por el hambre:
¡sólo en la evocación hallaste un madrigal!

El Tren de Cartagena

Cuando a la hora triste del crepúsculo
pasaba en fuga el tren de Cartagena,
dejaba atrás su carga de viajeros
con historias de caminos a cuestas.

Cuando a la hora lejana del crepúsculo
pasaba en fuga el tren de Cartagena,
dejaba su valija de correos
y la Calle Real como de fiesta.

Cuando pasaba la breve alegría
y las sonrisas se iban en el viento,
en los portales se dormía el silencio
y las tertulias quedaban vacías.

Los caballos quedaban ensillados
al borde del portal. Los novios trémulos
pasaban por las casas de sus novias,
que esperaban tras la ventana abierta.

La campanada de la iglesia, sola,
daba el toque de queda, y el telégrafos
enviaba a lo lejos su mensaje
de soledad, de tristeza, de tedio.

XI

De los Personajes Novelescos

Semblanza de María de Lourdes

Protagonista de
"El Aullido de las Muchedumbres"

Esta muchacha que anda cruzando por la vida
tiene el cabello gris a fuerza de hacer sueños.
Sus ojos son de uva, de olivo o de canciones,
los libros bajo el brazo y la guitarra al viento
mientras teje y desteje la brisa con sus cuerdas
para evocar el mal, abril y la tristeza.

Esta muchacha que anda cruzando por la vida
tiene los pies cansados, tiene el corazón nuevo,
lleva en el hombro un pájaro cubierto de rocío,
va dejando en la brisa como un perfume fresco.
Su sonrisa, granada de los mejores días.
Su voz, como un derroche cálido sobre el tiempo.

Esta muchacha que anda cruzando por la vida
envuelta en sus canciones, con su bella fragancia,
lleva el amanecer a cada tarde plácida
y la noche hasta el alba de todas las fatigas.

Esta bella muchacha de trémulo cabello
llena la madrugada con un nardo de plata.
Sus mejillas, tan pálidas, que vienen de muy lejos
con su hálito profundo de profundo misterio.
¡Qh, la muchacha grácil que encanta con su risa!
¡Ah, la muchacha mágica que se esfuma en el viento!

XII

Tula en la Nostalgia de Camagüey

A Tula en su Retrato de Museo

A nuestra poetisa,
Gertrudis Gómez de Avellaneda

Esta dama criolla de mirada profunda
y de boca sensual y cabellera mágica,
evoca, con su negro traje de peregrina,
la tristeza de quien amó, sin ser amada.

Tienes el aire indómito de los seres que nunca
temieron el dolor, y huyeron de la calma.
Tu aire grave es un marco para tu noble orgullo,
¡Tula que prodigaste las rosas de tu alma!

¡Qué elegancia en tu porte camagüeyano altivo!
¡Qué dorada tu piel por el sol de la patria!
¡Qué pájaros volando sobre ti, como huidos
del mar, del azul cielo y de las altas palmas!

Hay perlas en tu cuello de belleza impecable
y un pañuelo de encaje sobre la mano blanca.
¡Oh, Tula!, esa nostalgia que se quedó en tus ojos,
¿te la dejó la brisa lejana de la patria?

¡Tula!, la de los barcos que crujen al partir,
la de la estrella ardiente que se hizo perla y lágrima,
la del nombre más dulce y el destino más fiero,
¡Tula!, ¡los libros dicen que tú no eres cubana!

XIII

Poemas para la Novela

"La Canción Prohibida de

la Doctora Fanny"

Monólogo de la Doctora Fanny en busca de su Destino

Yo inicié con Moisés la ruta del destino,
pero no supe a tierra prometida llegar,
y abandoné a Josué por su largo camino
derrotada en las fieras batallas de Canaán.

Yo ambicioné la vida, y el límite divino
apasionadamente anhelé traspasar.
Y como a Gilgamesh la planta del destino
la celosa serpiente retornó a devorar.

Yo busqué ardientemente la vida del espíritu
y hasta el Baghavad-Ghita quise peregrinar.
De rodillas pedí el secreto del destino,
pero el Baghavad-Ghita me negó su cantar.

Después, le pedí a Istar el placer y el olvido,
me sonrió enigmática sin dejarme acercar
y movió la cabeza. Que no era mi destino
el placer, comprendí por la actitud de Istar.

Me volví hacia Judá y a Salomón le dije
que me diera el secreto del amor conyugal.
Salomón me miró de lejos porque no era
mi destino, la gloria de su bello Cantar.

Roma me subyugó con su resplandor mágico
y al Palatino en carro de oro quise entrar
para pedirle a Augusto que me diera la gloria,
pero Augusto, evasivo, me abandonó al azar.

Sola y desesperada me volví hacia la Esfinge
y ante ella, el misterio del Ser quise indagar.
Mas la Esfinge, enigmática, acentuó su sonrisa
y descubrí que mi destino está en buscar.

Te tropecé de pronto en tu impermeable
en la acera empapada de llovizna.
Llovía la tarde sobre tu cabello
y en tus ojos el mundo acontecía.
Charcos, soledad, lodo en torno nuestro,
como en la suave tarde de aquel día.
En tus mejillas callaba el otoño
y la lluvia goteaba en tu sonrisa.
Te acunaban la espera y el amor
y el latido del tiempo te envolvía.
Tendí la mano, mudo el corazón,
en tu hombro una estrella se moría.
Caminabas y hacías tuyo el misterio
despertando todas las lejanías.
Y la quietud te avasalló de golpe
deteniéndote al borde de mi vida.
Me apuñalaba el filo del silencio
de las palabras tuyas, de las mías.
Implacable y veloz llegó tu ómnibus.
Era tarde. Te fuiste. Anochecía.

XIV

Varadero en Tránsito

Varadero en Tránsito

Ante el cristal de móviles agujas verdeazules
la arena blanca calza los hoteles de antaño.
Zurcidos al vaivén de máscaras y tules
del socialismo, son la herencia de Fidel Castro.

En la tarde de sol pasa un coche de prisa
con jóvenes alegres desbordando el pescante.
Las barquillas de helado salpican las sonrisas,
las bicicletas dobles se llevan los paseantes.

Hay golfitos y botes y máquinas de juego
con rutas ilusorias y héroes de fantasía,
y en las boleras ruedan las pelotas de hierro
aliadas del azar y el capricho de un día.

La dicha es patrimonio de esta playa magnífica
donde el vaivén del mar se parece a las olas
del proceso caótico que regula la vida
por la opresión vendida al poder de los dólares.

Las vidrieras desbordan objetos imposibles
de hallar en esta isla arrasada de hambre.
Y este rincón de Cuba es el único libre
de alambradas, consignas, metas, altoparlantes.

Pero, como el mendigo que esconde sus harapos
con seda de una túnica bordada en hilos de oro,
los jineteros míseros son como espantapájaros
fusilando la frágil mentira del poderoso
estado, que es la fauce negra de un manicomio.

XV

Poemas desde el Tren

Esta estación de trenes de madrugada es fría
y su helada nostalgia amansa el corazón.
Busco un refugio cálido en su cafetería
y me siento muy sola sobre un hondo rincón.

Llegan los hombres duales con pull-overs y dijes
y con sus actitudes de camafeo burlón.
Después de la asonada de una noche sin límites
vienen a reponer sus fuerzas con yogurt.

Un minero con casco e impermeable, de turno,
consulta, mascullando, la hora en su reloj.
Y un joven del servicio militar enamora
tras un poste, a una amable muchacha de color.

Hay peludos de moda con enormes abrigos
entre los camareros en trajín. De un rincón
surge una gris muchacha de gestos masculinos
con su expresión de hombre frustrado en el amor.

Salgo a la calle y ando sobre los adoquines
La noche se solaza de farol en farol.
Esta espléndida noche de la ciudad dormida
teje un compás de espera para todo dolor.

Desde la sombra, rejas, tejados y postigos
Un aullido a lo lejos me recuerda un adiós.
Mi tren silva, se para al lado del camino,
dejo atrás la muralla, la torre, el gran reloj.

Amanece, y la niebla se disipa, nostálgica.
El tren, alborozado, toma un rápido ritmo.
Va cantando, cantando sobre las líneas anchas.
Va temblando, temblando como sobre un abismo.
El tren, estremecido, bosteza su cansancio,
y galopa, viajero, sobre los torbellinos.

En esta suave intimidad de un vagón chico
--chico y muy mío, como el poema que va brotando--
el humo de los suaves cigarrillos confiesa
el anhelo y la prisa de los que van viajando

En esta suave intimidad de un vagón chico,
entre el café, los libros, las hojas de periódico,
va apretada la angustia de los que nada tienen:
ni un sabor, ni una carta, ni una noticia, ni un pronóstico.

En la distante intimidad de un vagón chico
coagula la nostalgia de paisajes gastados
de otros viajes en tren, de otros viajeros, de otros días
que como estos que ahora pasarán, ya pasaron.

Los carros detenidos sobre la roja línea
descansan su fatiga al lado del andén.
Mi tren se va volando por los campos tranquilos
y un vendabal de pájaros se va en vuelo también.

De pronto, en gotas finas me toca tu recuerdo.
Va quedando en jirones sobre pasos de andén.
Y se me va perdiendo otra vez aquel sueño
como se va alejando de los campos el tren.

En este tierno bamboleo del largo tren,
aparece de pronto tu rostro en el camino.
Ese rostro preciso, ese rostro de amor.
Ese rostro vencido. Para siempre vencido.

En este bamboleo junto al angosto andén
siento que amaré siempre los barcos y los trenes,
las impresiones del amanecer
y las noches de lluvia sobre los viejos muelles.

No es para mí el paisaje de esta mañana
lleno de brisa tras de su prisa por la alegría
que desentume con su alborozo la niebla áspera,
que se distiendo sobre los campos, vital y tibia.

Es para ti esta hora, por tu sonrisa,
Tú, que engastaste la inmensa joya de la armonía.
Tú, que apresaste --precioso pájaro-- la esperanza.
Tú, que tendiste un puente de lirios hacia la vida.

El jardín de este helado sanatorio. Leprosos.
Una muchacha triste de oscuros espejuelos.
La soledad. Los últimos desahuciados del hombre.
Miniatura en el campo cubierto de alborozo.

El tren, al margen de ambos: de la muerte y la vida,
que conduce la vida arriesgando la muerte.
Y los viajeros, añorando cosas idas,
desahuciados gozosos, entre cristales vienen.

Hojas y polvo junto a la blanca ventanilla
y un crepúsculo en fuga va cayendo en los campos.
El rápido pasar por pueblos aburridos
que con dulces bombillos alumbran su cansancio.
El tren, que ha atravesado las calles, despidiéndose,
va dejando la estela de su caliente brisa.
Y yo voy, despidiéndome de fugaces sonrisas
mientras que algo muy íntimo -¿qué será?- va rompiéndose;
mientras que algo muy mío -¿qué será?- va quejándose.

El último viaje en tren, en Cuba,
para las despedidas familiares

Este tren que se va --nostálgico destino--
va dejando su aliento en ruta, trecho a trecho,
y los postes eléctricos, al lado del camino,
a gran velocidad saltan, como al acecho.

La viajera que va enclaustrada en su seno
--armazón de cristales, velocidad y sonido--
siente que, poco a poco se diluye en el tren
y su aventura es un metálico destello.

Pero el tren, señoreando el hierro del camino
--compulsión y presagio, espera, adiós, olvido--
Este tren, su quejido metálico rodando,
va hacia la libertad, que es su humano destino.

XVI

Poemas desde el Exilio

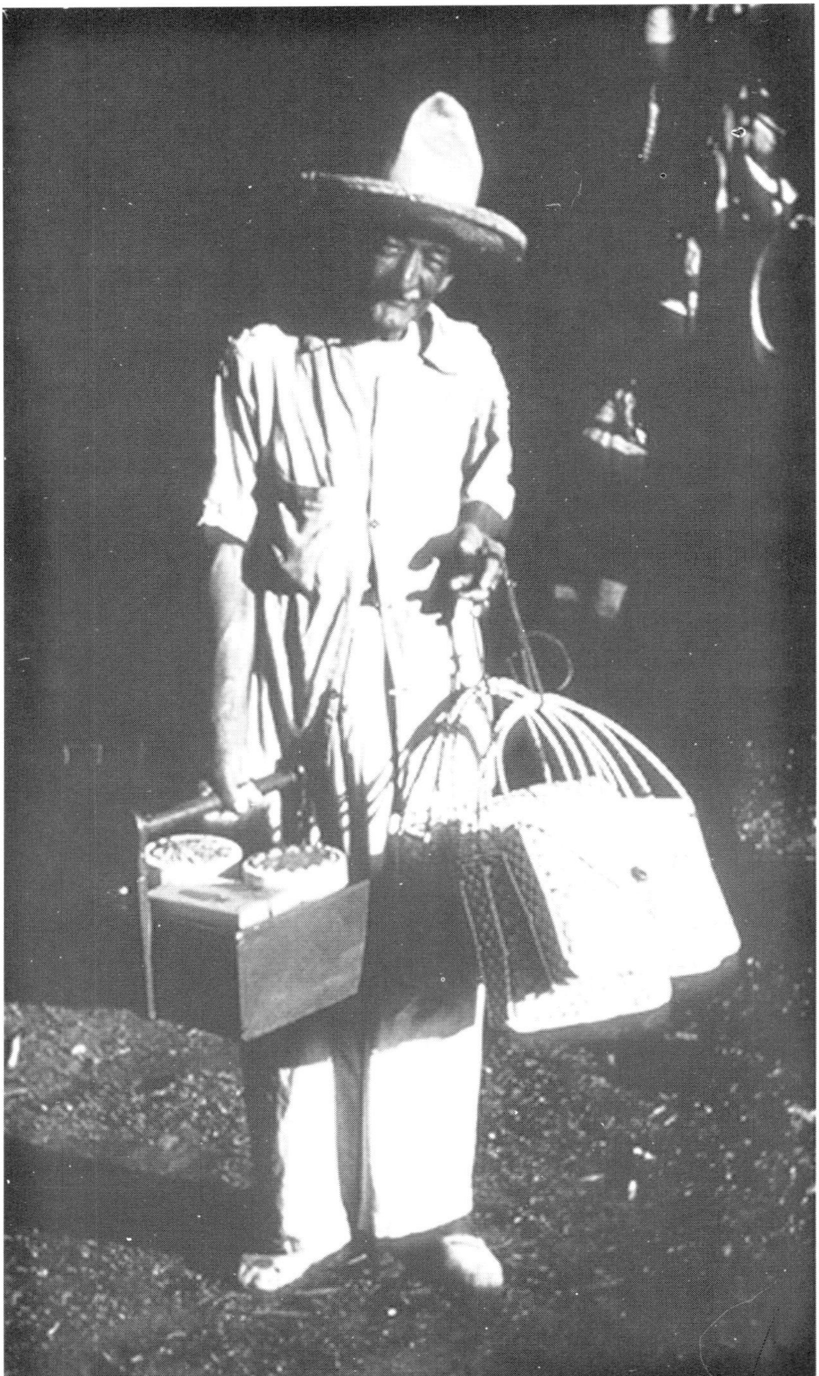

Adiós
y
Promesa del Reencuentro

Otra vez volveremos a encontrarnos.
Quizá en una mañana de noviembre
en un rincón remoto de la vida
donde estaré esperándote hasta siempre.

Habrá escarcha. El paisaje será nuevo
y habrá aviones y luces y habrá calles
donde gentes ignotas se apresuren
a olvidar nuestro encuentro y nuestro viaje.

Y serás tú otra vez. Tú, detenido
entre cristal y abrazo y tu premura
sujetando el encuentro del destino.

Y seremos nosotros para siempre,
doblegando la arista de la duda,
enhebrando el aroma de noviembre.

La Llegada

A mis hijas,
que me acompañaron
aquella noche

Llego y miro la casa destinada
para albergar mi exilio.
¡Mi casa!, en una calle de herradura
donde cantan los niños,
tiene el aroma virgen de la tierra
y un farol distraído.
Tiene la atmósfera del viejo París
con su balcón, su reja,
su pequeño jardín y su portera
con delantal muy limpio.
Me asombran las montañas que la envuelven
con dimensiones nuevas.
En La Habana era el mar, el llano, y todo
¡parecía tan pequeño!
Mis dos hijas se aprietan junto a mí
sorprendidas de las cosas que ven
y que allá no existían.

Para aliviar mi incertidumbre, van
callando la añoranza de su padre,
al que el castrismo no dejó venir,
por capricho político.
Esconden su nostalgia de la escuela,
de los amigos,
de los muñecos, los rincones, el gato,
las maestras que ampararon su miedo
por los gritos de las horrendas turbas
que asolaban el barrio con sus mítines.
Me conmueve su empeño en protegerme
como dos madres mínimas:
no declaran su pánico a la escuela
que enseguida tendrán que comenzar
para estrenar sus becas de pobreza;
se juntan, ayudándome a cargar
los gusanos de las treinta y tres libras.
Nos acogen las manos generosas
de la familia.
Tras los abrazos tibios del reencuentro
me asomo a la ventana, temerosa
de un terremoto que arrase la vida.
(Un terremoto es algo nuevo ahora

que en Cuba no existía).
Si ocurre, se desploman sobre el nuestro
los altos edificios
de las colinas, que ensombrecen la calle
con sus múltiples pisos
imponentes a mi desvalimiento.
Yo no sabría hacia dónde correr
cuando la tierra tiemble
y la luz se desgarre en un aullido
y se derrumben los puentes del río
que corre por la esquina de mi casa
y estallen las ventanas con sus vidrios.
La aguja de la angustia se me clava
sobre la entraña de mi incertidumbre.
¿Qué haré mañana, oh Dios, qué haré mañana
para el pan de mi casa?
¿Enseñaré francés a domicilio?
¡El francés! ¿quién va a solicitarlo
donde el inglés impone su designio?
Olvidé la aritmética, el latín,
el álgebra, la física, la química.
Y los versos, a nadie le interesan.
A nadie le motiva comprar versos.

No, el trabajo lo debo buscar
en los clasificados del diario.
¿Empezaré vendiendo por la calle
periódicos, galleticas cubanas,
criollos dulces
sudados por mi madre en su cocina?
¡Vender! ¡Si no conozco la ciudad!,
¿dónde está el laberinto de sus rutas?
¡Y estas montañas que esconden el mar
y me inpiden volar hacia mi Cuba!
Los exiliados del castrismo no
conocemos regreso.
Miro a las gentes bajo mi balcón,
tan bien alimentadas, tan vestidas,
y me pregunto
en qué se me parecen.
No conocen el hambre ni el horror,
ni el Comité, ni las balsas, ni la
delación gratuita,
las despedidas, los agentes, los
pelotones que fusilan la vida.
Las alambradas quedaron atrás,
fieles a sus consignas,

pero, desde lo más amargo de
su tenaz pesadilla,
abren un foso entre esta gente y yo
para dejarme sola y abatida.
El vocablo extranjera se adelanta
y salta sobre mí desde la calle:
¡Es la sorpresa de la libertad!
Allá, en las alambradas del castrismo
quedaron mis hermanos.
Son los únicos que comprenden mi mundo:
el lastimoso mundo del horror
que acá es desconocido.
Entre las alambradas estás tú,
prisionero fantasma de una isla
donde el espanto sacude las noches
y quema las sonrisas.
Mis dos hijas se aprietan a mi falda:
¡son mis dos compañeras!
Mañana hay que salir a galopar
para buscar las becas de una escuela.
El hambre de mañana, ¿qué será
en mi desvalimiento?
Y de repente,

la paradoja del exilio viene,
filtrándose por todas las nostalgias
y me siembra en el rostro la luciérnaga
de una inmensa esperanza.

El Heladero

Se va, llevándose los helados
que no puedo comprarle para mis hijas

Allá, donde la tarde busca su encuentro último,
y donde los balcones se apiadan del verano,
aquel carrito único va bordeando la acera,
anunciando a los niños que llegan sus helados.

El humo de las fábricas reposa sobre el muro,
entumecido por el roce del cansancio,
mientras la campanilla aguda del carrito
hasta donde se pierde la calle, va sonando.

El hombrecito empuja su carro, indiferente,
y las ruedas se clavan en la brisa, chirriando.
El carro pasa lleno de sabores riquísimos
para tentar a todos los chiquillos del barrio.

Mientras el hombre anda, va embridando su prisa.
(Al doblar de la esquina, el sol se ha ido gastando).
Y a él, casi sin saberlo, aterido y cortés,
como a un helado frágil de barquilla y papel,
su corazón lo fue congelando el cansancio.

El Zapatero

Mi barrio se estremece en la mañana
del domingo feliz, cuando su grito
suspende su pregón a los balcones
y cuelga su nostalgia a un farolito.

Es hermoso y amable. Es muy sencillo.
Es un árabe rubio, de ojos cándidos.
Al hombro, suspendido su cajón
de herramientas, camina con cansancio.

Le entrego mis zapatos y él se sienta
en el quicio de abajo. Va cortando
la suela, y tal parece que al hacerlo
va a desangrar también sus propias manos.

Me apena su silencio, y le pregunto:
Vino de lejos y trajo a un hermano.
Dejó en Siria a su esposa y a sus hijos.
Su padre anciano los está cuidando.

Era muy pobre allá y pasó la guerra.
Vino a América a hacerse millonario.
Apenas sabe hablar el español
y no me entiende si le digo algo.

Ahora trabaja para irse otra vez,
reúne el pasaje centavo a centavo.
Si no estuviera el mar él se iría a pie.
Y tiene aquí una amante mientras tanto.

Le deseo suerte. Es dulce su su sonrisa
al tomar el cajón con gesto rápido.
Tiene la prisa de los marineros
y sus sandalias son como un presagio.

El Viejito del Kiosco

A mi padre, a mis hijas

El viejito del kiosco, mansamente
se levanta temprano, antes del alba;
se pone su sombrero, cuidadoso,
y como un arma, empuña su paraguas.
Se embarca siempre en el mismo autobús,
abre su kiosco, ordena sus periódicos,
toma café a las diez, sonríe a la luz,
deja leer los artículos de fondo
a quienes pasan, sin cobrarles nada.
Sonríe cuando discute de política.
El, que es un exiliado de su patria,
tan delgado y tan débil, aglutina
en ardiente tertulia de esperanza
a todos los cubanos que han huido
del hambre, del horror y de la cárcel.
Blancos, negros, mestizos, pobres, ricos
allí vienen también de todas partes:
son emigrados de muchos países
que ahora habitan las casas de esta calle.
A todos quiere, a nadie discrimina
este viejito de bondad y donaire.

Su desamparo es protegido por
dos nietecitas de trenzas muy frágiles.
Los tres forman un coágulo de amor
detrás de aquel mostradorcito blanco.
Se aprietan uno a otro ante la vida,
ante el mundo, ante el hambre, ante el cansancio,
con sus sandwiches, sus duros caramelos
y su gran termo de café cubano.
Luego, cuando la tarde se despide
y el Avila recoge su silencio en un manto,
los tres se van en el mismo autobús
apretaditos, como tres hermanos.
Vuelven a sonreír, miran a Dios,
y él lleva su paraguas en la mano.

El Cartero

Se va, sin dejar la esperada
carta de Cuba

Un hombre pobre, con silbato y gorra,
camisa limpia y pantalón zurcido.
Un hombre, tan sencillo entre los hombres,
trae el mundo en su jubón envejecido.

Verlo llegar: sorpresas del amor,
un invento remoto, adioses, prisas,
noticias, gentes con otro color,
habitantes de casas nunca vistas.

Verlo pasar, tan pálido, tan tímido,
inocente de su gran trascendencia,
bajo la lluvia, el sol, el viento, el frío.

Verlo partir, llevando la esperanza
que anunció su anhelada presencia
en su jubón, desbordante de cartas.

La Tarjeta de Navidad

(Recibida desde Cuba
con seis meses de retraso)

El paisaje, tan lleno de nostalgia,
tocado por la noche de diciembre.
Como si de ella hubiese huido la gente,
se parece a una casa abandonada.

Sólo la soledad la acompañaba
sin la prisa que el tiempo le detiene.
Cansado rostro herido de mañana,
sin la misericordia de diciembre.

La penumbra se puso grande afuera
sin que la intimidad de antes volviera
a habitar en sus salones vacíos.

Y aquel árbol se quedó estremecido,
oyendo la silueta que escapaba
para siempre, sobre la encrucijada.

Carta a una Ballerina
que va a morir

El otoño anunciaba su fatiga, de pie,
y tú seguías danzando interminablemente.
Se te zafó de pronto aquella zapatilla
y seguiste danzando, danzando ante la gente
de rostros mudos, crueles, asustados o indiferentes.
Habías sido Yocasta ante el destino: tú,
en trágica semblanza comprendiste la vida.
Te alzaste ante el aliento de los dioses: su luz
te quemó la mirada, el pecho, la sonrisa.
Del fragor del incendio, la huida y el adiós
regresabas de golpe, cansada y aterida.
Un giro de tu danza, rápido, te tocó,
(¡quién sabe si Coppelius ya lo había presentido!)
En torno a ti, ¿lo sabes?, todo se transformó
y ante tu sed, la copa inestrenada vino.
¡Oh, Julieta!, tu amor lo cobijó la noche,
lo calzó la nostalgia, le dio el invierno abrigo.
Entre los pliegues del sendero enarenado
aparecieron dos cisnes, tus dos amigos:
uno negro, otro blanco, como el mal, como el bien;

y así, la ambivalencia del existir humano
te señalaba rutas que no habías conocido.
Bodas de sangre fueron tus bodas del amor
cuando Carmen sellaba su beso ante su sino;
Carmen que, desgarrada, agotaba su anhelo
y robaba a las cartas su secreto más íntimo.
¡Oh, Carmen! ¡Oh, Giselle! ¡Oh, Julieta, Julieta!
Tu leve zapatilla devoraba el camino.
Aquella zapatilla temblorosa y gastada
dejaba jeroglíficos negros sobre los ríos.
Las gentes se apretaban para verte pasar,
y tú seguías bailando como sobre el destino.

XVII

De los Cantos Patrióticos

Máximo Gómez regresa desde el Tiempo

Al Dr. Andrés Vargas Gómez,
nieto del Generalísimo
A Rosa Leonor, Mirta y Sergio Whitmarsh,
bisnietos del Mayor General Calixto García,
porque todos ellos dan honor a su estirpe

I

Fue una dura silueta de granito,
de orgulloso bigote y de silencio.
Iba a caballo sobre los caminos
a buscar las montañas y los vientos.
Su machete, debajo de las palmas,
decapitaba noches y se mecía en el tiempo.
Su prisa iba agrandando sus batallas
y el enemigo iba quedando quieto.
El era de una raza de patricios:
su perfil, su palabra, su escudero.
El le enseñó a Calixto (1) aquella bala
que deshojó una estrella en sus cabellos.
Enseñó a los Maceo a cruzar los ríos
y a quemar el machete en un torneo
de caballos y bayonetas tibias

(1) Mayor General Calixto García, que alcanzara el grado de Lugarteniente General en el Ejército Libertador.

para las que inventó su propio acero.
A Antonio le enseñó a mandar guerrillas
y a sofocar el humo entre sus dedos.
Al gran José le señaló la gloria
y a Agramonte lo vio pasar de lejos:
Quiso incendiar las cañas a su lado
y despidió al destino cuando lo supo muerto.
A Martí le colgó estrellas al hombro
y le dio dignidad de gran guerrero.
Lloró por él leyendo su Diario
aquella noche del tremendo duelo.
Juntos se fueron a sembrar la patria,
juntos alzaron toque de degüello,
juntos jinetes en la encrucijada
cuando sonó el instante del silencio.
Cuando besó la mano de Mariana, (1)
estremecido por un gran respeto,
el corazón se le llenó de lumbre
y rezó ante las cruces de su ruta de muertos.
A España llegó el grito de su fama
desde Pino de Baire a Peralejo.
La dulce Francia saludó su nombre
y consagró sus tácticas de genial guerrillero.
Si Bolívar lo hubiera conocido,
cóndores habría atado a su cabello.

(1)Mariana Grajales.

Si cruzaba la Trocha, transformaba
quince hombres bravos en dos mil guerreros.
Su hija Conchita entre tiros, de noche,
la llevaba a su lado bajo lluvia y suspenso.
Panchito quedó muerto y profanado
junto al más alto nombre de Maceo,
y enseñó la igualdad entre los hombres
negros y blancos y blancos y negros.

II

El era pobre. No poseyó nunca
el lujo, el aparato ni el dinero.
¡Era un guajiro humilde, era un guajiro
que se igualó al dios Marte en su talento!
Todo lo dio a la gloria de la patria
bajo la lluvia, en los caminos viejos:
su lealtad, el incendio de Bayamo,
su machete, dos guerras y su genio.
Aquel honor que presidió su vida
junto a Céspedes o junto a Maceo:
en la manigua, el primero de todos;
en la paz, ciudadano fue el primero.
Era inocente del poder, del látigo,
inocente de todo privilegio.

Murió pobre en lo hondo de su calle,
olvidado por cuantos hormigueaban sus gestos.
En su lecho, su herida de la mano
fue una traición de quienes no lo vieron
alzando su machete en la manigua
contra la esclavitud y la opresión y el miedo.
Mientras agonizaba estaba solo.
Triste, cansado, solo, sin dinero.
Pensaba en las batallas de sus manos
y las manos pudieron más que el hierro.
Pensaba en Pancho, herido en la manigua,
y la muerte acampaba entre sus dedos.
Los halagos, los gritos y la fama
fueron más fuertes que el odio y que el hierro.

III

Cuando partió el cortejo, no alentaba
ningún guerrero de los viejos tiempos
para elevar su voz estremecida
a las crines del machete y el viento.
Solo estaba: sin Pancho, sin Antonio,
sin la gallarda tribu de Maceo,
sin Guillermón, sin Roloff, sin Donato, (1)
sin la lealtad de Paquito Borrero,

(1) Donato Mármol.

sin el fiel crucifijo de Mariana,
sin Martí, que quedó enterrado lejos.
Los pasos resonaban en la calle.
Los duros adoquines lo acogieron.
En el instante de su muerte no hubo
presagios en la cólera del cielo.
¡No hubo clarín ni toques a degüello!
¡Un mayor general sin cornetas en duelo!
¡No hubo odas ni sangre que sellaran
su epopeya en perfiles de hierro!
Los faroles temblaron a su paso,
las esquinas le rindieron silencio.
Era el héroe de todos los caminos.
Murió en aquella calle de sosiego
sin salvas, sin espadas, sin caudillos
que alzaran la canción de sus laureles,
desolado, inocente, estremecido,
aquel anciano en su lecho entre rezos,
sin campanadas, sin salvas, sin vítores.
Los duros adoquines lo acogieron.
Su pluma, su decoro, su diario,
su barba blanca, su machete, el tiempo.

INDICE